NICK ALTMAN

MIO NONNO

L'ULTIMO PRIGIONIERO DEI

CAMPI DELLA MORTE NAZISTI

Tradotto in italiano da Riccardo Muggini

Tradotto in italiano da Riccardo Maggioni

PREMESSA

Da nipote di un sopravvissuto ai campi di concentramento fascisti e nazisti della Seconda guerra mondiale, ho sentito il bisogno di scrivere la sua storia e conservarne la memoria per le generazioni future, affinché non venga dimenticata. Oggigiorno, il terribile ricordo dei campi nazisti della Seconda guerra mondiale si è affievolito a causa dei traumi e dei campi della Guerra di indipendenza, nella quale la Croazia ha lottato per la propria autonomia e sovranità. Le sofferenze subite dal popolo cinquanta anni prima di quel conflitto stanno svanendo dalla memoria collettiva, lentamente ma inesorabilmente.

Nel momento in cui questa testimonianza viene scritta, mio nonno è ancora vivo e in salute all'età di 97 anni. Oltretutto, è contento della mia decisione di far diventare la sua testimonianza un libro. In questo libro, voglio evidenziare in particolare le sofferenze a cui ha resistito e le incredibili vicende a cui è sopravvissuto. Esse possono sembrare inventate ai lettori di oggi, poiché può essere difficile per loro comprendere come un essere umano potesse infliggere così tanto dolore e sofferenza ad un altro essere umano in nome di un'idea, di una certa ideologia che lo motivava. Voglio anche sottolineare che mio nonno è un croato e il suo popolo, formalmente attraverso lo Stato della Croazia Indipendente, era alleato del Regno dell'Italia di Mussolini e della Germania Nazista di Hitler. In ogni caso, tali circostanze non sono servite a fargli avere un trattamento migliore rispetto agli altri prigionieri.

Dopo avere assistito al terrorismo delle autorità fasciste nella sua città natale dopo l'annessione, cos'altro poteva fare un giovane di Sebenico se non entrare nel movimento antifascista e, da sedicenne, cercare di sabotare il regime fascista? L'italianizzazione forzata generò sfida, ribellione e partecipazione attiva ad azioni contro le autorità occupanti che cercavano di sopprimere l'identità croata ed impedire l'uso dei nomi e della lingua.

Dopo essere stato tradito da collaborazionisti croati, mio nonno venne arrestato dal Regio esercito fascista e subito dopo condannato come criminale per avere scritto sui muri slogan antitaliani. Fu spedito a scontare la sua condanna in Italia, passando da Capodistria e Firenze per arrivare a Perugia. Dopo l'armistizio concluso dal Regno d'Italia l'8 settembre 1943 e l'arrivo della Wehrmacht, venne trasferito a Dachau, poi a Buchenwald e in altri minori campi della morte a questo associati, dove sopravvisse per quasi due anni senza ferite gravi né malattie, facendo tutto ciò che era necessario a sopravvivere. Nonostante le avversità, inclusi i bombardamenti alleati e la morte su scala industriale intorno a lui, cui assistette ogni giorno, sopravvisse per tornare nella sua nativa Sebenico nell'estate del 1945, dopo che nessuno aveva avuto più sue notizie da tre anni. In ogni caso, è sopravvissuto per condividere la sua testimonianza della malvagità universale che all'epoca dilagò nel mondo. La mia intenzione non è trasmettere una conoscenza nozionistica dei campi della Seconda guerra mondiale, su cui esiste già una letteratura sconfinata, ma riferire la vicenda umana di un prigioniero che nemmeno pensava di poter sopravvivere e ritornare alla propria città natale e alla sua famiglia per vivere una vita dopo la guerra. Questa è la sua storia...

I.

L'INIZIO DELLA GUERRA A SEBENICO

All'inizio della Seconda guerra mondiale, cominciata il 1° settembre 1939 con l'invasione tedesca della Polonia, il Regno di Jugoslavia rimase neutrale. Il 25 marzo 1941 la Jugoslavia, sottoposta a pressioni, venne indotta a sottoscrivere a Vienna un patto di non aggressione con la Germania nazista, così associandosi alle potenze del Patto tripartito, il cosiddetto "Asse". La Gran Bretagna aveva tentato da tempo di coinvolgere il Regno di Jugoslavia nella guerra contro le potenze dell'Asse per aiutare il Regno di Grecia, suo unico alleato europeo, che era in guerra con l'Italia sin dal mese di ottobre del 1940.

Subito dopo la firma del patto, a Belgrado venne organizzato un colpo di stato, architettato dal SOE (Esecuzione Operazioni Speciali) e dallo spionaggio militare britannici. Il colpo, che avvenne il 27 marzo 1941, portò alla destituzione del governo di Dragiša Cvetković e del Reggente Pavle Karadorđević. Il Reggente Pavle Karadorđević governava nel nome del re minorenne Pietro II dopo che il re Aleksandar Karadordević, suo primo cugino, era stato assassinato nel 1934 a Marsiglia. Pavle doveva

fungere da reggente fino a quando il nuovo re
Pietro II, figlio di Aleksandar, fosse diventato
maggiorenne nel settembre 1941. Ma il giorno
del colpo di stato del 27 marzo 1941 il Re
Pietro II Karadorđević, pur minorenne, si
dichiarò di maggiore età (sei mesi prima di
compiere diciott'anni) e da una stazione radio si
appellò più volte al popolo affinché non
opponesse resistenza. Il Generale Dušan
Simović formò un governo di coalizione.
Successivamente al colpo di stato si tentò di
convincere la Germania che il governo non si
era ritirato dal Patto tripartito, che il colpo di
stato militare riguardava esclusivamente
questioni interne e che il nuovo governo
insediatosi restava fedele all'impegno
sottoscritto.

Subito dopo il colpo di stato, Hitler si rese conto
che la Jugoslavia, su istigazione della Gran
Bretagna, non avrebbe potuto evitare di
mettere in pericolo gli interessi di Germania e
Italia. Decise di attaccare il Regno di Jugoslavia
e dare assistenza ai propri alleati italiani in
Grecia, per porre fine alla guerra sul fianco
meridionale prima di iniziare la campagna
contro l'URSS. Le potenze dell'Asse
attaccarono il Regno di Jugoslavia il 6 aprile
1941 e dopo una brevissima guerra ricordata
come "Guerra d'Aprile" sconfissero la
Jugoslavia in dodici giorni. Il 17 aprile
Aleksandar Cincar-Marković, Ministro degli

Esteri del governo rovesciato dal colpo di stato del 27 marzo, e il generale Radivoje Janković firmarono la resa incondizionata. Una porzione rilevante del territorio venne suddivisa tra Germania, Italia, Ungheria e Bulgaria, e le parti restanti vennero utilizzate per creare lo Stato Indipendente della Croazia, la Serbia sotto occupazione tedesca e il Regno del Montenegro governato dalla monarchia italiana.

A Sebenico, la guerra cominciò la mattina presto del 6 aprile 1941 con il bombardamento degli aerei italiani, che proseguì per diversi giorni contro le navi ancorate nel porto. Dopo l'instaurazione dello Stato della Croazia Indipendente a Zagabria il 10 aprile 1941, la milizia degli Ustascia, nonostante l'opposizione degli organi di rappresentanza eletti, iniziò a prendere il controllo di Sebenico. Quattro giorni più tardi, le prime divisioni italiane fecero il loro ingresso nella città e il 15 aprile 1941 l'occupazione di Sebenico venne completata. Con la firma dei Patti di Roma tra Mussolini e Pavelić il 18 maggio 1941, Sebenico venne ufficialmente annessa al Regno d'Italia e diventò parte del Governatorato della Dalmazia.

Tomislav Erak, soprannominato Pipe, era nato il 26 dicembre 1925 a Sebenico, terzo di cinque fratelli nella famiglia di Marko e Šima (nata Spahija). Aveva tre fratelli e una sorella. Era cresciuto in una famiglia della classe media croata a Sebenico. Suo padre aveva un emporio e sua madre si occupava dei bambini. La Seconda guerra mondiale iniziò mentre Tomislav Erak era uno studente della scuola superiore di Sebenico. Curiosamente, la mattina in cui i primi soldati italiani entrarono a Sebenico Tomislav si trovava da solo sulla strada vicino alla chiesa di "Nostra Signora fuori dalle Mura" e due italiani in avanscoperta su una motocicletta con sidecar gli si avvicinarono per chiedere qualcosa. In seguito, scoprì che gli stavano chiedendo dove si poteva comprare pane fresco perché erano affamati.

Immagine 1
Soldati italiani a Sebenico, dopo l'annessione
(1941)

Con l'arrivo dell'amministrazione italiana a Sebenico si cercò di imporre in modo rapido e molto aggressivo, che generò resistenza tra i giovani, un nuovo metodo di educazione, formazione e insegnamento della lingua. Il giovane Tomislav, con i suoi compagni di scuola, presto reagì cominciando a scrivere slogan contro le autorità italiane sui muri della scuola e in altri luoghi della città. La cosa più inaccettabile, per lui, fu il modo in cui gli italiani imposero la loro lingua, che la maggioranza delle persone non parlava. Scrivevano contro Mussolini e l'Italia. La natura stessa del regime fascista provocò anche atteggiamenti di sfida aperta. Un esempio significativo del nuovo regime fascista fu la consuetudine dell'alzabandiera nella piazza centrale di Sebenico, la Poljana, dove la bandiera reale italiana veniva alzata al mattino per essere ammainata alla sera. La popolazione era costretta a fare il saluto fascista in occasione di tali cerimoniali. Una banda di ottoni accompagnava questi saluti alla bandiera e, quindi, non appena cominciava la musica, iniziava il fuggi-fuggi della gente dalla Poljana. Poiché la piazza si svuotava, gli italiani facevano circondare la Poljana dalla polizia per prevenire la fuga delle persone e costringerle a salutare la bandiera. Dopo che erano stati costretti diverse volte a salutare la bandiera, una volta capiti gli orari in cui la bandiera veniva alzata e ammainata Tomislav e i suoi compagni evitarono di andare alla Poljana in quei momenti. L'assenza della cittadinanza di Sebenico e la piazza vuota in tali occasioni, però, rafforzarono la volontà repressiva negli occupanti, determinati a far salutare la bandiera dalla cittadinanza. Senza successo, peraltro.

Una delle principali forme di resistenza di Tomislav e dei suoi compagni fu il rifiuto di partecipare alle lezioni di italiano a scuola. Frequentavano le altre lezioni, ma quando veniva il momento della lingua italiana se la davano a gambe. Tutti gli studenti, inoltre, furono uniti e concordi nella resistenza, esprimendola con scritte antitaliane sui muri della scuola e altrove. Questa condotta provocò risentimento negli insegnanti che venivano dall'Italia e di regola parlavano in lingua italiana agli studenti, i quali per lo più non la capivano.

II.

L'ARRESTO E IL PROCESSO

All'inizio del 1942 la situazione di Sebenico era tesa, perché in quel periodo una spia italiana di nome Antonio Scotton venne uccisa dalla resistenza. Gli italiani uccisero l'autorevole attivista di Sebenico Stipe Ninić il 12 febbraio, mentre il 27 marzo ci fu un'accesa protesta delle donne, che scesero nelle strade di Sebenico gridando "Pane! Pane!". Circa cinquanta di loro furono poi arrestate. Nel mese di maggio, si tenne in città un importante processo contro Rade Končar e un gruppo di antifascisti di Spalato, che a Spalato erano stati arrestati. Il processo fu celebrato a Sebenico perché ivi aveva la sua sede il Tribunale Straordinario della Dalmazia. Il 24 ottobre 1941 Mussolini adottò l'atto noto come "Bando per la sanzione dei reati politici" che istituì il Tribunale Speciale della Dalmazia. Anche se il 13 novembre 1941 venne deciso che la sua sede sarebbe stata a Zara, il Tribunale fino alla fine del 1942 avrebbe operato continuativamente a Sebenico dove si trovava un presidio locale. Durante la sua attività, protrattasi per un po' meno di due anni, il Tribunale gestì circa 2.000 processi. Il Tribunale ordinò la detenzione e la condanna di circa 6.240 singoli individui. Il Tribunale emise approssimativamente 200 condanne a morte, delle quali quasi la metà eseguite.

Rade Končar era stato il segretario del Partito Comunista Croato (CPC) dal 1939. Già prima della guerra era stato a Split e nel 1940 prese parte ai Congressi Regionali e Provinciali. Končar operò assiduamente per collegare il Comitato Provinciale del CPC della Dalmazia al comitato Centrale del CPC. Poiché durante l'estate del 1940 la costituzione delle prime unità partigiane in Dalmazia non aveva avuto successo, Rade Končar venne inviato a Spalato nel tentativo di rinfocolare la resistenza antifascista. All'incontro con i membri del Comitato Provinciale del CPC della Dalmazia, Rade Končar presentò una visione d'insieme delle prospettive della rivolta in tutta la Croazia. Fornì specifiche indicazioni per lo sviluppo della resistenza armata in Dalmazia. Vedeva gli attentati all'esercito italiano come "innesco" di una lotta armata più ampia. Nel novembre 1941 organizzò a Spalato attentati dinamitardi contro l'esercito italiano, nei quali furono uccisi diversi soldati italiani e ne rimasero feriti dozzine.

Egli venne arrestato quando il suo vicino di Spalato, un ufficiale italiano di nome Batocchi, notò che di frequente viaggiava fuori Spalato rimanendo assente per diversi giorni. Quando la polizia fascista andò a controllarne l'identità al suo ritorno da uno di questi viaggi, Rade

Končar tentò di fuggire e venne ferito nel tentativo. A seguito di quanto accaduto, fu ricoverato presso l'ospedale militare di Spalato, che oggi è il Seminario Cattolico di Spalato, in cattive condizioni per le ferite e le percosse subite. Quando le autorità degli Ustascia di Zagabria riferirono che era il segretario del CPC, la sorveglianza venne rafforzata. In una occasione, tentò di fuggire dall'ospedale saltando dalla finestra al secondo piano. A causa della situazione tesa di Spalato, fu deciso che il processo si sarebbe tenuto avanti il Tribunale Speciale di Sebenico.

I comunisti di Spalato avevano progettato di attaccare il treno che portava Rade Končar e settantadue altri attivisti a Sebenico. Per questo motivo, vennero trasferiti per nave il 18 maggio sotto massima sorveglianza, assicurata da un migliaio tra soldati, ufficiali e agenti di polizia. Rade Končar fu giustiziato a Sebenico all'alba del 22 maggio nel campo sportivo Osvit di Šubićevac, insieme a venticinque antifascisti di Spalato per lo più comunisti e membri dell'Unione dei Giovani Comunisti Jugoslavi (SYUY).

Per quanto accaduto in Dalmazia e a Sebenico dopo il suo arresto e il processo, Tomislav Erak venne condannato a otto anni di prigione per aver scritto slogan antitaliani sui muri, benché fosse un minorenne di soli sedici anni. A suo modo di vedere la sentenza non sarebbe stata così dura, se la situazione della città fosse stata più tranquilla all'epoca.

Domenica 12 marzo 1942 fu arrestato mentre partecipava con il suo gruppo di membri della SYUY a un incontro in un piccolo bosco appena fuori dalla città (oggi, questa zona fa parte della zona di Rokići), dove leggevano un volantino che circolava. Il volantino conteneva informazioni sugli eventi in Jugoslavia, la resistenza dei partigiani e i crimini nazisti e fascisti. È verosimile che qualcuno, forse un informatore anonimo o magari soldati italiani o la polizia, li avesse visti. Degli otto membri facenti parte del suo gruppo della SYUY, solo quattro parteciparono all'incontro di quella domenica. La loro età era tra i quindici e i sedici anni, mentre il loro capo era leggermente più anziano. Al momento del loro arrivo, trovarono ad accoglierli i carabinieri italiani. Subito, vennero circondati da un centinaio circa tra carabinieri e soldati. Furono arrestati e condotti presso una stazione di polizia e di lì a un centro di detenzione.

Mentre si trovavano nella stazione di polizia, vennero tutti interrogati. Durante gli interrogatori, furono tutti sottoposti a qualche forma di tortura. Tutti ricevettero percosse violente, anche se non tali da metterne in pericolo la vita. Quello che più li torturò, fu un tenente della città di Scicli in Sicilia, Ignazio Terranova (che più tardi sarebbe stato giustiziato dai partigiani per molti crimini, dopo la caduta dell'Italia). Molti carabinieri parteciparono agli interrogatori. Alcuni li picchiarono di più, altri meno, con pugni e calci. Tomislav non riportò ferite gravi, ma uno dei suoi amici subì danni a un rene, di cui soffrì per il resto della vita. Durante l'occupazione, con il tenente Terranova, il capitano dei carabinieri Giuseppe Bungaro e il tenente colonnello dei carabinieri Gualtiero Sestilli di Perugia furono i principali responsabili con potere di vita e morte a Sebenico e dintorni.

Dopo la detenzione presso la polizia, vennero affidati alla polizia giudiziaria, senza ulteriori percosse e maltrattamenti. Questa circostanza segnò la fase preparatoria del processo che cominciò nel maggio 1942. Il capo del gruppo venne condannato a ventiquattro anni in quanto adulto, e i tre minori, compreso Tomislav, ricevettero una condanna ad otto anni ciascuno. Durante il processo, non ammisero la complicità degli altri quattro membri del loro gruppo, e ciò consentì ai quattro di essere assolti per insufficienza di prove. Tomislav e i suoi compagni vennero accusati di aver svolto attività contro lo Stato, di cui la prova principale risultò essere il volantino che stavano leggendo all'incontro. Oltre a ciò, nella capanna di un pastore dove si erano incontrati vennero ritrovate cinque o sei cartucce di fucile, che verosimilmente appartenevano a qualcuno che in precedenza aveva pulito lì la sua arma, e venne loro addebitata anche questa circostanza emersa.

III.

L'ESECUZIONE
DELLA CONDANNA IN ITALIA

Dopo la condanna del Tribunale Speciale della Dalmazia presieduto da Ernesto Maggiore Vergano, vennero trasferiti via mare a Koper, all'epoca situata in territorio italiano (col nome Capo di Istria). Una volta lì, quattro di loro vennero messi con un gruppo di cittadini di Spalato condannati alla prigione nel processo di Rade Končar. Come già ricordato, alcuni dei cittadini di Spalato condannati a morte vennero fucilati sul campo di calcio di Osvit a Šubivćevac di Sebenico, mentre quelli che avevano condanne detentive furono trasportati a Koper. Rimasero lì per circa un mese. Tutti furono tenuti in un vecchio edificio austriaco molto malandato. In una sola stanza stavano circa in trenta e ricevevano un unico pasto al giorno. In ogni caso, Koper fu una semplice tappa. Dopo Koper tre dei minorenni di Sebenico furono trasferiti a Firenze, dove gli italiani raccoglievano altri prigionieri. Anche lì vennero tenuti per un mese circa. Successivamente, furono mandati a scontare le loro condanne a Perugia, dove si trovava una prigione destinata ai minorenni con condanne detentive dai due anni in su. Venivano da parti diverse della ex Jugoslavia, incluse Slovenia, Croazia, Dalmazia e Montenegro. A giudizio di

Tomislav, c'erano circa trecento di loro. È interessante osservare come le autorità fasciste italiane avessero commesso un errore a separare i reclusi più giovani da quelli più anziani affinché gli anziani non li potessero influenzare, perché in realtà furono proprio i più giovani quelli maggiormente decisi ad agire e resistere. Si organizzarono in gruppi disciplinati, quasi militari. Attesero la caduta dell'Italia. La loro prigione era relativamente moderna, con celle piccole e secondini di carriera più anziani, che permisero ai detenuti di muoversi da cella e cella. Così stando le cose, i detenuti furono liberi di muoversi e comunicare all'interno della prigione. Alcuni dei reclusi più anziani erano Sloveni. Avevano già avuto dei ruoli specifici nella resistenza e su loro iniziativa, d'intesa con alcuni dei cittadini di Spalato e Sebenico, venne creata una sorta di organizzazione militare dei detenuti che, con la capitolazione finale del Regno d'Italia del giorno 8 settembre 1943, assunsero il controllo della prigione dall'interno. I detenuti chiusero i secondini in una cella comune e volevano fuggire lasciando la prigione. In ogni caso, la capitolazione dell'Italia non avvenne nel modo che loro si aspettavano. Non tutti i soldati italiani cedettero le armi. I membri delle milizie fasciste più vicine al regime non si arresero. Militi del reparto che si trovava intorno la prigione, riconoscibili dai fez che indossavano, erano rimasti nelle vicinanze del carcere e crearono dei posti di blocco con mitragliatrici e fucili mitragliatori per impedire la fuga ai prigionieri. Seguirono negoziazioni tra gli italiani e i capi dei prigionieri rivoltosi, che ben presto si arresero. Poiché nella rivolta furono feriti alcuni secondini, gli italiani si prepararono a processare i capi della ribellione. Nel frattempo, l'Italia settentrionale e centrale venne occupata dall'esercito tedesco. I loro reparti arrivarono a Perugia. Il 5 ottobre 1943 un reparto SS giunse presso la prigione e ne assunse il controllo. Venne immediatamente preparato il trasferimento in Germania per i reclusi che avevano preso parte alla rivolta. Dopo averli separati dai prigionieri italiani, si decise di trasferire nei campi in Germania un po' più di duecento tra croati, sloveni e montenegrini che avevano partecipato alla ribellione. A giudizio di Tomislav, più di duecento sediziosi vennero caricati in vagoni bestiame ferroviari (vagoni ferroviari "GG") e inviati in Germania. In cinque o sei vagoni, venne stipato il triplo dei passeggeri che ciascuno dei vagoni avrebbe potuto contenere. Le condizioni di trasporto furono terribili e nei carri ferroviari dovettero arrangiarsi. A causa dei bombardamenti alleati, capitò che il convoglio dovette sostare in diverse stazioni e i prigionieri approfittarono di tali soste per uscire dai carri ferroviari. Il vitto fu molto scarso. Le guardie dettero loro cibo una solo volta nei sei giorni di durata del trasferimento a Dachau. durante il viaggio l'acqua venne distribuita tre volte. Le condizioni del viaggio furono così disumane che in un villaggio italiano vicino alla frontiera con il Terzo Reich (oggi Austria) dove il treno si era fermato, i contadini italiani rimasero completamente scioccati dalle condizioni dei prigionieri. Così, poiché la fermata durò mezza giornata prima che il treno potesse proseguire, gli abitanti del villaggio italiano decisero di organizzarsi per aiutarli. Alcuni abitanti prepararono una grande quantità di pasta che fu distribuita ai prigionieri. A Tomislav sembrò strano che le autorità italiane lo permettessero.

IV.

DACHAU

Dopo sei giorni di viaggio, l'11 ottobre 1942 il treno arrivò a Dachau. Per quanto a conoscenza di Tomislav, nessuno dei prigionieri morì durante il trasferimento, però tutti arrivarono deboli e malnutriti. Molti di loro si ammalarono e questa era la peggior cosa che potesse capitare a un recluso all'arrivo nel campo. Risultare malati all'esame iniziale equivaleva quasi ad una condanna a morte e molti dei prigionieri malati non vissero a lungo, una volta giunti a Dachau.

Il binario della ferrovia terminava al centro del campo e il treno raggiungeva lo spiazzo centrale. Quando si fermò le guardie aprirono le porte gridando "Loss, loss, schnell, schnell", spingendo i prigionieri fuori dai carri ferroviari per farli andare all'area di disinfestazione. Lì, tutti i prigionieri arrivati vennero disinfettati. Furono lavati con liquido disinfettante, qualunque fosse la temperatura. I loro vestiti vennero ritirati e ognuno ricevette l'uniforme a strisce dei reclusi. Tomislav rimase particolarmente sorpreso dalla differenza del trattamento da parte delle guardie nel campo tedesco, rispetto a quello ricevuto in Italia. Nel trattamento dei prigionieri gli italiani furono molto meno duri e anche più umani, mentre i tedeschi urlavano e picchiavano i prigionieri non appena li avevano a tiro. Avevano anche fruste che usavano quando volevano sui prigionieri, avessero commesso o meno qualche mancanza. Nella neve e nel terribile inverno, i prigionieri dovettero stare quasi ventiquattro ore nudi nello spiazzo centrale del campo, prima di ricevere le loro uniformi da reclusi, chiamate "zebras", e portati alle baracche.

Dopo questo processo iniziale, i prigionieri vennero acquartierati in baracche apposite, per la quarantena. Qui, Tomislav e i suoi compagni di prigionia arrivati dall'Italia dovettero attendere ulteriori indicazioni. Quando si trovavano a Dachau, erano contati ogni mattina di fronte alle baracche. All'ora dei pasti venivano allineati in gruppi, ciascuno di quindici prigionieri, e solo il primo gruppo riceveva scodelle di cibo. Il gruppo che veniva dopo doveva attendere che quello davanti finisse di mangiare e quindi lo sollecitava ad affrettarsi, affinché la scodella potesse passare al successivo prigioniero in fila. Prigionieri affamati spingevano e premevano su quelli che stavano mangiando, perché la fame era terribile. Questo metodo di somministrazione dei pasti era stato studiato per affamare le persone e fargli perdere la loro umanità. È una delle cose più terribili che Tomislav ricorda. Per i prigionieri che arrivarono dall'Italia l'atteggiamento tedesco fu scioccante e incomprensibile, perché in Italia i prigionieri erano trattati normalmente e non venivano maltrattati dalle guardie. Nelle baracche di Dachau vennero stipati molti più prigionieri di quelli che potevano starci. Il pagliericcio su cui Tomislav dormiva consentiva solo di stare su un lato poiché non c'era spazio per girarsi. A suo giudizio, circa seicento prigionieri vennero stipati in ognuna delle baracche, che normalmente avrebbe potuto accoglierne circa duecento. Nel suo insieme, l'organizzazione era stata concepita per tormentare le persone, farle ammalare velocemente e quindi farle scomparire. Lavorare per un po' e poi soccombere.

Quanto ai prigionieri malati che non potevano alzarsi per l'appello, arrivava un carro tirato da cavalli che li portava via, alcuni presso l'infermeria del campo, ma la maggior parte per essere eliminati. Con il freddo, quelli che avevano qualche indumento civile se la cavarono meglio. In effetti la "zebra" era molto leggera e coloro che indossavano solo quella, cioè l'uniforme del campo, spesso si ammalarono per il gelo. Quanto alle calzature, indossavano zoccoli di legno molto scomodi. Questi zoccoli causarono lesioni ai piedi, specie a chi non era abituato a calzature così dure.

KL.: Dachau

Häftlings-Personal-Karte

Häftl.-Nr.

Fam.-Name: Erak
Vorname: Stanislav (Tomislav)
Geb. am 25.12.25 in Schilbenik
Stand: ledig   Kinder: —
Wohnort:
Strasse: Matald Tuber 25
Religion: röm. Staatsang.: Kroate
Wohnort d. Angehörigen: Elteral
    Marko E.D.

Eingewiesen am: 11.10.43
durch: Stapo Salzburg
in KL.: Dachau
Grund:
Vorstrafen:

Überstellt
am: 30. Okt. 1943 an KL.
am: an KL.
am: an KL.
am: an KL.
am: an KL.
am: an KL.

Entlassung:
am: durch KL.:

mit Verfügung v.:

Personen-Beschreibung:
Grösse: cm
Gestalt: schlank
Gesicht: oval
Augen: braun
Nase: klein, gewöhnlich
Mund: klein, gute Lippen
Ohren: klein
Zähne: vollständig
Haare: schwarz
Sprache: kroatisch

Bes. Kennzeichen:

Charakt.-Eigenschaften:

Sicherheit b. Einsatz:

I. T. S. FOTO Nr. 239

Körperliche Verfassung:

Strafen im Lager:
Grund: Art: Bemerkung:

KL54 43-500000

Immagine 3
*Documento di identificazione di Tomislav Erak,
emesso nel campo di concentramento di Dachau*

Jug.
Vor- und Zuname: _____ Tomislav Erak _____ Haft-Nr. _____ 56874 35101

Beruf: _Student_____ geboren am: _26.12.25_____ in: _Chibelik, Dalm_____

Anschrifts-Ort: _Vater : Marko E., Chibelik,Dalm. Matia Gubez 5_ Straße Nr. _____

Eingel. am: _30.10.43_____ Uhr von _K.L Dachau_____ Entl. am _____ / _____ Uhr nach _____

Bei Einlieferung abgegeben: _1_ Koffer _____ Aktentasche _____ Paket

_____ Hut/Mütze	_1_ Paar Schuhe/Stiefel	_____ Kragenknöpfe	_____ Feuerzeug	_____ Wehrpaß
_____ Mantel	_1_ Paar Strümpfe	_____ Halstuch	_____ Tabak _____ Pfeife	_____ Fremdenpaß
_1_ Rock _____ Jacke	_____ Paar Gamaschen Tuch/Leder	_____ Taschentuch	_____ Zigarren/Zigaretten	_____ Arbeitsbuch
_____ Weste/Kletterweste	_____ Kragen	_____ Paar Handschuhe Tuch/Leder	_____ Zig.-Blättchen	_____ Invalidenkarte
_1_ Hose	_____ Hemd	_____ Brieftasche mit	_____ Ziertuch	
_1_ Pullover	_____ Binder/Fliege	_____ Papiere	_____ Messer _____ Schere	
_1_ Oberhemden	_____ Paar Ärmelhalter	_____ Sporthemb/Hosen	_____ Bleistift/Drehblei	
_____ Unterhemden	_____ Paar Sockenhalter	_____ Abzeichen	_____ Geldbörse	
_1_ Unterhosen	_____ Paar Mansch.-Knöpfe	_____ Schlüssel a. Ring	_____ Kamm	Wertsachen: ja – nein

Abgabe bestätigt: Effektenverwalter:

Erak Tomislav   _Winkler_

Immagine 4 Documento con le caratteristiche personali di Tomislav Erak, emesso nel campo di concentramento di Dachau

V.

BUCHENWALD

Il campo di concentramento di Buchenwald, 1937 - 1945

Nel luglio 1937 le SS disboscarono la foresta nell'Ettersberg vicino a Weimar, realizzando al suo posto un nuovo campo di concentramento. Lo scopo del campo fu reprimere gli oppositori politici, perseguitare gli ebrei, i sinti e i rom, escludere definitivamente dal "corpo del popolo tedesco" gli "estranei alla comunità", inclusi gli omosessuali, i senza casa, i testimoni di Geova e i pregiudicati.

Di lì a poco, Buchenwald diventò il simbolo del sistema concentrazionario nazista. Dopo l'inizio della guerra, reclusi da tutta l'Europa vennero deportati a Buchenwald. Alla fine, in totale quasi 280.000 persone furono imprigionate nel campo di concentramento dell'Ettersberg e nei suoi 139 campi minori. Le SS li costrinsero a lavorare per l'industria bellica tedesca.

Immagine 5
Oltre a scattare fotografie dello staff della prigione, i reclusi che lavoravano nel dipartimento fotografico ebbero il compito di documentare i lavori di costruzione nel campo nonché gli edifici già esistenti sotto diversi aspetti; un'immagine delle baracche dell'economato SS (1944)

Alla fine della guerra, Buchenwald era il più grande campo di concentramento del Reich tedesco. Oltre 56.000 prigionieri di 32 nazioni diverse morirono lì per le torture, le sperimentazioni mediche e la fame. Più di 8.000 prigionieri russi vennero passati per le armi in un'installazione espressamente realizzata allo scopo. I membri della resistenza costituirono un'organizzazione segreta nel campo per cercare di resistere alla violenza delle SS. In ogni caso, il "Piccolo Campo" diventò l'"inferno di Buchenwald". Migliaia di reclusi continuarono a morire fino alla liberazione del campo.

Quando nell'aprile 1945 gli americani raggiunsero Buchenwald e i campi minori ad esso collegati, il comandante supremo alleato Dwight D. Eisenhower scrisse "Nulla mi ha mai traumatizzato quanto questa vista".

Più di 1.600 prigionieri Jugoslavi vennero uccisi o comunque morirono a Buchenwald e nei suoi sottocampi. Tra i più terribili sottocampi vi furono Dora e Laura, che rifornirono in via esclusiva le fabbriche sotterranee nelle colline della Turingia, dove si producevano componenti per le "armi di vendetta" V1, V2 e V3.

Immagine 6
Buchenwald – veduta dei gabinetti e dei bagni nel campo minore; sullo sfondo, è visibile il blocco 60 (1942)

Immagine 7

Mittelbau-Dora, immagine interna dell'impianto di produzione delle V1, verosimilmente il reparto 46 (1945)

Circa 21.000 reclusi, inclusi 607 Jugoslavi di cui 19 della zona di Sebenico, assaporarono di nuovo la libertà.

La mattina del 31 ottobre 1943 a Dachau, dopo l'appello mattutino, i prigionieri vennero fatti marciare ai vagoni ferroviari per essere trasferiti a Weimar, da dove vennero quindi portati a Buchenwald con una ferrovia a scartamento ridotto. Il trasferimento avvenne senza grossi problemi né maltrattamenti, in un solo giorno. In ogni caso, arrivati a Buchenwald vennero accolti dalle urla e dalle frustate delle SS. Anche Tomislav fu percosso più volte. All'interno del campo non si era mai al sicuro; eri sempre esposto al pericolo. Non sapevi mai quando una nuova minaccia poteva manifestarsi. Dopo l'accoglienza, venne eseguita una nuova disinfezione e fu ripetuto il processo già descritto (come all'arrivo a Dachau).

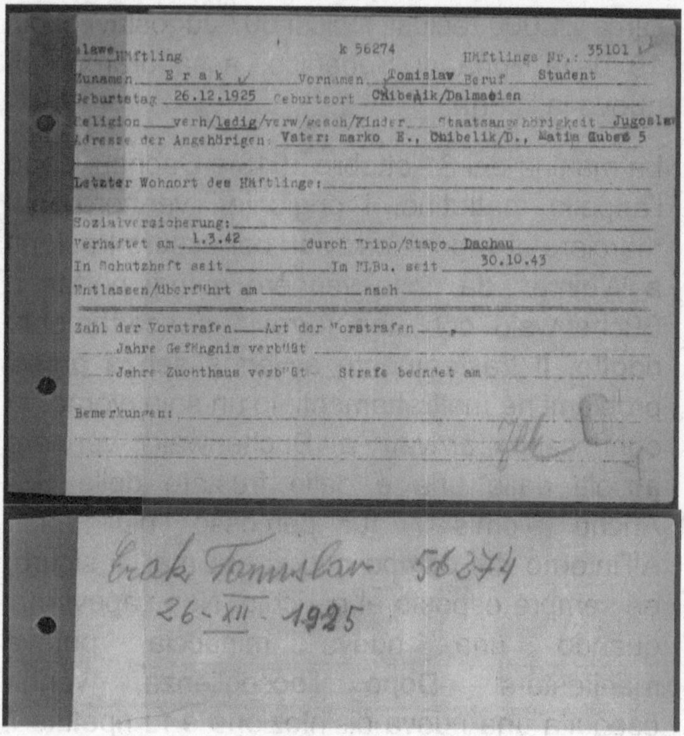

slawe Häftling   k 56274   Häftlings Nr.: 35101

Zunamen   E r a k   Vornamen   Tomislav   Beruf   Student

Geburtstag 26.12.1925   Geburtsort   Chibelik/Dalmaeien

Religion   verh/ledig/verw/gesch/Kinder   Staatsangehörigkeit   Jugoslaw

Adresse der Angehörigen: Vater: marko E., Chibelik/D., Matia Gubed 5

Letzter Wohnort des Häftlinge:

Sozialversicherung:

Verhaftet am   1.3.42   durch Kripo/Stapo   Dachau

In Schutzhaft seit   Im KLBu. seit   30.10.43

Entlassen/überführt am   nach

Zahl der Vorstrafen   Art der Vorstrafen

Jahre Gefängnis verbüßt

Jahre Zuchthaus verbüßt   Strafe beendet am

Bemerkungen:

Erak Tomislav 56274
26 - XII - 1925

Immagine 8a e 8b
Modulo di registrazione di Tomislav Erak a Buchenwald

Stando alle informazioni raccolte da Tomislav dopo la guerra, quando il suo gruppo arrivò a Buchenwald tutti i posti di lavoro dei campi intorno erano già stati assegnati, così decisero di lasciare il gruppo a Buchenwald. I campi più grandi avevano nei dintorni dei sottocampi più piccoli, con cui formavano un'entità unica. Al loro arrivo a Buchenwald, vennero assegnati al lavoro in un campo più piccolo collegato di nome Mittelbau-Dora. Questo campo era collocato nelle montagne della Turingia, dove i tedeschi realizzarono impianti sotterranei nascosti e protetti dai bombardamenti per la produzione di razzi V1, V2 e più tardi V3, usati per bersagliare la Gran Bretagna. I tedeschi si sforzarono di produrre più razzi possibile, spremendo i lavoratori sino all'esaurimento e rimpiazzandoli con altri quando non riuscivano più a lavorare, per poi eliminarli. Tomislav e i suoi compagni avrebbero dovuto lavorare in questi impianti. Tuttavia, quando arrivarono i posti di lavoro erano già tutti coperti, così vennero lasciati a completare la loro quarantena nel campo principale di Buchenwald, dove rimasero ad attendere l'assegnazione di un lavoro. Secondo Tomislav il non essere finito a lavorare nel sottocampo di Mittelbau-Dora gli salvò la vita, dato l'alto tasso di mortalità di quel campo.

Nel periodo passato a Buchenwald, Tomislav lavorò nella cava "Steinbruch" per un po', vedendo di persona come le guardie uccidevano i prigionieri che cadevano estenuati e non riuscivano più ad alzarsi. Percosse con i calci dei fucili erano normali e spesso vide colpi brutali, con conseguenze potenzialmente permanenti. La cava era particolarmente pericolosa perché i prigionieri si trovavano fianco a fianco con le guardie che talvolta, se di umore cattivo, potevano arrivare ad uccidere anche cinque di loro in un solo giorno. In quei giorni Tomislav rimase nelle baracche per via di un ginocchio gonfio. Quando le guardie uccidevano un prigioniero, ordinavano agli altri reclusi di portarne il corpo al forno crematorio dove veniva incenerito. Nessuno osava sollevare obiezioni per la paura di essere ucciso anche lui. Se lavoravano in una delle fabbriche, i prigionieri correvano meno rischi perché non stavano vicino alle guardie ed erano in contatto con altri reclusi o magari con civili tedeschi.

Tomislav e tutti gli altri prigionieri sapevano dell'impianto per la cremazione, dotato di otto forni, perché si trovava proprio all'interno del campo e ci si poteva facilmente avvicinare. Dall'esterno, sembrava una baracca come le altre. Nulla di particolare. Dei forni crematori si sapeva perché si poteva sentire l'odore della carne bruciata dai quattro camini da cui usciva il fumo e l'odore che chiunque poteva riconoscere come di carne bruciata. Questo fatto fu ben noto a tutti i reclusi.

- 2 -   0002526

                                                    222

34811	Dattilo, Vinzensi	35214	Franssini, Oskar
35133	Decaro, Guiseppe	34614	Frattasi, Michele
34975	Defrangisi, Carroge	34814	Frau, Antioco
34932	Demo, Ante	34954	Frau, Gregorio
35541	Derenja, Jovan	35212	Friburgo, Ezio
34935	Despot, Stefan	35510	Fucak, Adam
34593	Devietti, Giovani	34662	Fusillo, Antonio
35546	Dimeo, Srecko	34982	Gabrieli, Antonio
34733	Diminico, Rocco	34645	Gaeta, Carmine
35437	Djordja, Purlia	35039	Galante, Luigi
35290	Djordjevic, Aksa	34976	Gallesi, Bernardini
34848	Dodoig, Drago	35314	Gecan, Josip
35284	Dchelil, Osman	35280	Genovesi, Consetto
34938	Draca, Filip	35210	Gentile, Antonio
35549	Drasler, Iwan	34747	Gerbi, Alexander
35519	Drozin, Anton	34632	Giacomo Di, Nicola
34861	Drazina, Pavac	34867	Gianetta, Paolo
35460	Dugopoljak, Nikola	35320	Giocondo, Antonio
35138	Dsiralhas, Dimitrius	35333	Giorgianni, Salvatore
35427	Eftimiu, Gregorius	34654	Giorgio, Leonardo
34616	D'Eloise, Carmine	34801	Giorgioni, Giovanni
35101	Erak, Temislaw	34952	Giuliana, Salvatore
35531	Erjavec, Eugen	35004	Giusti, Umberto
35322	Esposito, Antonio	34960	Giustiniani, Giovanni
34781	Fabro, Lanfranko	35557	Giustino, Enzo
34628	Facchi, Pirto	35524	Glumac, Jovo
34895	Farsella, Stefano	34726	Governali, Nuntio
35116	Fattinanzi, Elvio	34700	Graci, Alfonso
35525	Ferderber, Vlado	34812	Granaldi, Rafael
34950	Ferrato, Carlo	34651	Gregorgio De, Marcello
34995	Ferreri, Umberto	35249	Grimaldi, Domenico
34604	Festa, Vincenzo	34934	Grivicic, Dane
34731	Figlia, Salvatore	35442	Grubelic, Mate
35193	Filetti, Naudo	35248	Grubelic, Vinko
34656	Filipo, Guiseppe	34854	Grudew, Glavomir
35226	Filippo Di, Sabino	35440	Grzetic, Petar
34612	Filomia, Francesko	34670	Guarnieri, Salvatore
34664	Finocchio, Salvatore	35473	Guberinic, Milovan
34652	Fioravanti, Gennato	35560	Gucciardi, Salvatore
34705	Fiorentino, Michele	34668	Guccioni, Salvatore
35455	Fistanic, Ivan	35288	Guerra, Gennaro
35337	Fontana, Umberto	35517	Guina, Jozo
34607	Fontanini, Alfredo	35516	Guina, Mate
35130	Forai, Giovanni	35020	Hairlic, Jusuf
34859	Foraus, Stabislav	35544	Hajdic, Pavle
35304	Formato, Pellegrini	35515	Hanzelj, Anton
34613	Formisano, Natalo	35490	Harmel, Milon
35394	Fornasiere, Hugo	35400	Holt, William
35395	Francesca La, Fransesco	35037	Hristu, Panajotis
35485	Frankini, Zarket	35098	Hudorovac, Ignac

Immagine 9
Elenco dei prigionieri di Buchenwald con nome e numero (Tomislav Erak risulta indicato con il numero 35101)

Un ebreo di Vojvodina, al giorno d'oggi in Serbia, al corrente del fatto che gli ebrei di regola venivano uccisi nei forni e che era conosciuto da Tomislav col nome di Bela, assunse l'identità di un'altra persona. Adottò il numero e il nome di un prigioniero non ebreo deceduto. Nell'amministrazione del campo fu registrata ufficialmente la morte di Bela. In questa maniera, per i registri del campo venne ritenuto morto. Così, in questo modo si salvò e riuscì a sopravvivere nel campo fino alla fine della guerra.

Molti reclusi tedeschi oppositori dei nazisti pure riuscirono a salvarsi in modo simile. Tomislav sottolinea sempre che a Buchenwald vennero internati molti tedeschi che si erano opposti al regime. La gente non ha questa idea dei tedeschi perché pensa che tutti fossero sostenitori di Hitler. Secondo Tomislav, Buchenwald è l'unico campo della Germania che si liberò tre giorni prima dell'arrivo della terza armata di Patton. Ciò avvenne per lo più grazie ai tedeschi che si trovavano nel campo già da lungo tempo. La liberazione venne altresì favorita dai prigionieri polacchi, francesi e russi, in particolare gli ufficiali russi che si erano tolti i gradi per nascondere il loro status di ufficiali. I soldati semplici venivano uccisi meno di frequente. L'amministrazione tedesca del campo si preoccupava del numero dei prigionieri presenti al mattino per l'assegnazione dei compiti e del numero dei prigionieri che rientravano alla sera dopo il lavoro. Molte fabbriche e officine nelle vicinanze del campo producevano armi, equipaggiamento militare e materiali per la macchina bellica nazista.

Poiché Buchenwald era uno dei campi più vecchi, fino al 1939 fu popolato per lo più da tedeschi. All'inizio i criminali comuni comandarono sui reclusi nel campo. In ogni caso, man mano che arrivarono più detenuti politici, questi ultimi assunsero il controllo dei reclusi al posto dei criminali comuni. Venne istituita anche una forza di polizia del campo, la "Lagerschutz", per mantenere l'ordine tra i reclusi. Quasi tutti i suoi membri erano detenuti politici tedeschi. Quanto alla possibilità di procurarsi armi, quando il campo venne fondato nel 1937 risultava più facile riuscire ad avere un'arma perché le guardie e i reclusi si erano conosciuti tra loro già da prima. Il campo aveva circa 60.000 prigionieri e per gli standard croati equivaleva ad una città di media grandezza. Nel campo c'erano molti tecnici ed era possibile produrre diverse cose. I reclusi raccolsero armi sin dall'apertura del campo, tenendole nascoste sotto le baracche.

Immagine 10
Membri della banda musicale delle SS
accompagnano la bara del sergente delle SS Albert
Ruatti (21 agosto 1919 – 15 aprile 1942), morto
ufficialmente in un incidente, nei pressi dell'ingresso
e del corpo di guardia principali del campo di
concentramento di Buchenwald. Sullo sfondo, ci
sono varie baracche dove erano acquartierate le
guardie del campo di concentramento di
Buchenwald (1942)

Durante uno dei bombardamenti americani, che colpirono anche le baracche, si creò il caos e sarebbe anche stato possibile scappare dal campo, andare fino alle fabbriche e ritornare indisturbati. In questa circostanza, molti membri della resistenza lasciarono il campo, per poi tornare portando armi che avevano nascosto.

Uno di loro era Ivan Juraga, un croato dell'isola di Murter (morto nel 2008).

Verso la fine della guerra, il movimento di resistenza dei prigionieri poté disporre anche di una stazione radio nel campo. Il radio-operatore, un ingegnere polacco di nome Gwidon Damazyn, stabilì un contatto con reparti corazzati della Terza Armata di Patton. Così gli americani vennero informati che i tedeschi stavano cercando di evacuare il campo e siccome il cibo non veniva distribuito da tre o quattro giorni, nel campo si era creata una situazione di anarchia. Venne riferito che in quei giorni morirono di inedia circa 5.000 prigionieri. Gli americani risposero "Stiamo facendo tutto quello che possiamo. Resistete!" Erano consci della situazione e cercarono di arrivare il più presto possibile ad aiutare i prigionieri.

Nel periodo passato a Buchenwald, Tomislav in un'occasione si ammalò seriamente. Il suo ginocchio si gonfiò e venne portato all'infermeria del campo. Anche i dottori erano reclusi e lui venne visitato da un medico russo. Per fortuna la malattia si risolse velocemente e fu dimesso. Se fosse stato trattenuto più a lungo, probabilmente non sarebbe sopravvissuto fino alla fine della guerra.

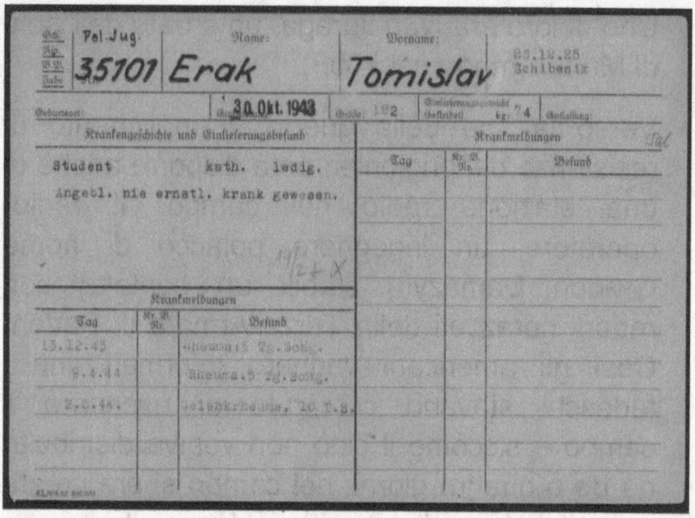

Gesch. Kz. P.U. Jude: Pol. Jug. 35101

Name: Erak

Vorname: Tomislav

26.12.25 Schibenik

Geburtsort: | Eingeliefert: 30. Okt. 1943 | Größe: 182 | Einlieferungsgewicht (bekleidet) kg: 74 | Entlassung:

Krankengeschichte und Einlieferungsbefund

Student kath. ledig.

Angebl. nie ernstl. krank gewesen.

14/12 + X

Krankmeldungen

Tag	Nr. B. Nr.	Befund
13.12.43		Rheuma: 5 Tg. Schg.
9.4.44		Rheuma. 5 Tg. Schg.
2.8.44.		Gelenkrheuma, 10 T. S.

Krankmeldungen

Tag	Nr. B. Nr.	Befund

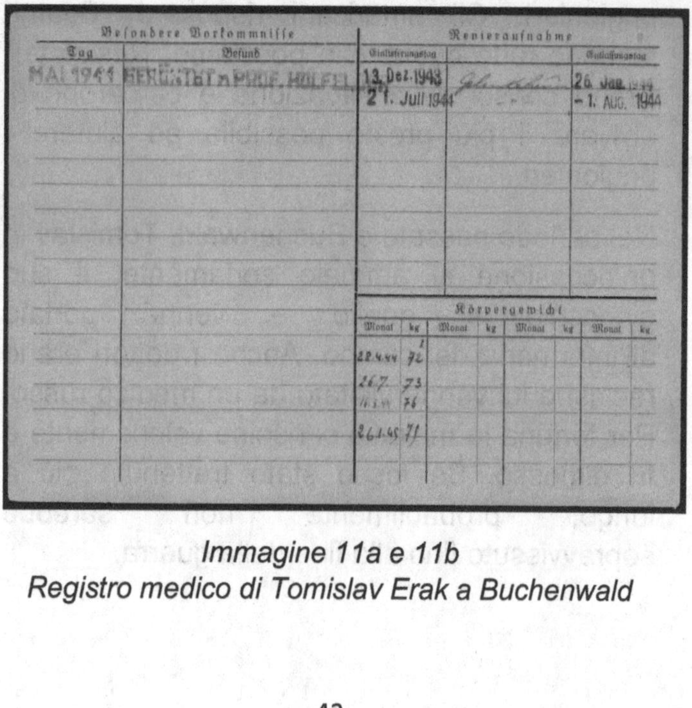

Besondere Vorkommnisse

Tag	Befund
MAI 1944	BERÜCKSICHTIGT n PROF. HOLFELD

Revieraufnahme

Einlieferungstag		Entlassungstag
13. Dez. 1943	[illegible]	26. Jan. 1944
21. Juli 1944		1. AUG. 1944

Körpergewicht

Monat	kg	Monat	kg	Monat	kg	Monat	kg
28.4.44	72						
26.7.	73						
16.3.44	76						
26.1.45	71						

Immagine 11a e 11b
Registro medico di Tomislav Erak a Buchenwald

Una delle cose più terribili che Tomislav ricorda e che angustiava maggiormente le menti dei prigionieri erano i giorni privi di vento. Per i prigionieri quei giorni furono molto difficili, perché l'odore dei cadaveri bruciati diventava insopportabile quando il fumo formava nuvole che rimanevano sopra le baracche. Queste nuvole sature di carne umana bruciata provocarono conseguenze gravi e problemi mentali. Alcuni prigionieri finirono per impazzire. A giudizio di Tomislav nel campo vennero bruciati ogni giorno da 60 a 100 cadaveri e le condizioni metereologiche descritte sopra si verificarono due o tre volte al mese. Lui stesso vide di persona i corpi via via trasportati per la cremazione. A tutti i prigionieri era ben noto quanto succedeva, nessuno si fece illusioni sul destino dei malati e di quelli che morivano.

Immagine 12
Mittelbau-Dora. Veduta del campo di prigionia dal lato nord; in fondo a destra c'è la baracca 110, a metà la baracca 112 – al centro dell'immagine si vede un sentiero che porta alla baracca 112 (1945)

Per un periodo alla fine del 1944, Tomislav lavorò come addetto alle pulizie della sua baracca. In tale periodo, un gran numero di prigionieri da altri campi stavano arrivando perché gli alleati premevano sui tedeschi da ovest e i russi dall'est. I tedeschi così spostarono i prigionieri verso il centro geografico della Germania. Molti prigionieri arrivarono a piedi perché i tedeschi non avevano vagoni e treni a sufficienza per trasportarli tutti. Molti di loro morirono lungo la strada e quelli che arrivarono erano stremati. Siccome Buchenwald aveva circa sei baracche per la quarantena, furono erette delle tende adibite a zona di quarantena.

In quei giorni, circa 700 prigionieri vennero stipati nella sua baracca (la numero 59), invece del numero regolare di 200. Poiché questi nuovi prigionieri erano allo stremo, ogni mattina veniva controllato se qualcuno non si muoveva nei giacigli o "scatole", come vennero chiamati. Tutte le mattine quelli che non si muovevano venivano portati fuori, davanti alle baracche nella neve. Carri trainati da cavalli provvedevano poi a raccogliere i morti, portati all'esterno. Se i prigionieri lasciati fuori davano qualche segno di movimento, gli altri capivano che non erano morti e li riportavano nelle baracche. Tutti loro spesso morivano comunque, di lì a pochi giorni.

Il poco cibo venne distribuito sulla base del numero dei prigionieri nella baracca. Il capo della baracca aveva tutto l'interesse ad ottenere il cibo per i prigionieri ancora vivi ma agonizzanti, così li tenevano nella baracca il più a lungo possibile per ottenere il cibo loro destinato ma senza provare a curarli. Sapevano che erano spacciati e il cibo in più che questi prigionieri morenti assicuravano alla baracca poteva essere la salvezza di altri. Ogni giorno, Tomislav vide portare fuori dalla sua baracca circa dieci corpi inerti e qualcuno che poi dette segni di vita venne riportato dentro.

Quelli che non si muovevano più venivano raccolti al mattino e portati al forno crematorio per essere inceneriti. In quei giorni il tasso di mortalità fu particolarmente alto, specie tra i prigionieri arrivati a piedi da altri campi.

Dopo la guerra, Tomislav ha avuto occasione di parlare con prigionieri che avevano lavorato al forno crematorio. Da quanto ha sentito, dopo un po' dall'inizio della guerra i tedeschi eliminarono anche quelli che lavoravano al forno. Più tardi, la direzione del campo non eliminò più questi prigionieri, che continuarono a lavorare fino alla fine della guerra. Le loro testimonianze sono state terribili. Erano così assuefatti al compito svolto che mettevano le persone nei forni come se stessero lavorando da un fornaio per cuocere il pane. Nemmeno pensavano a quanto fosse inumano ciò che i nazisti li costringevano a fare.

Immagine 13

Buchenwald, stalle dei cavalli nel campo minore a costruzione ultimata; sulla sinistra il Blocco 60, sulla destra il Blocco 55, sullo sfondo le torri di guardia 16 e 17 (1942)

In tema di torture ed esecuzioni sommarie, Tomislav ricorda in modo particolare un prigioniero sovietico di nome Sport, un georgiano denunciato da qualcuno per aver tentato di arruolare un ingegnere nel movimento della resistenza nella fabbrica. Lo chiamarono via radio a rapporto presso l'ingresso principale, dove era situato l'edificio dell'amministrazione del campo, nel cui seminterrato c'erano cinquanta piccole celle dove i prigionieri venivano torturati e giustiziati sommariamente. Lo chiamarono e lo uccisero.

Nell'agosto del 1944 venne giustiziato anche il segretario del partito comunista tedesco, Ernest Tellman. Nella vicina Weimar, i giornali riferirono che era morto sotto un bombardamento alleato. Tutti i prigionieri sapevano bene che, se eri convocato in una di queste celle, non ne saresti uscito vivo. Le guardie di lì spesso si divertivano a seviziare i prigionieri per passare il tempo e chiunque poteva venire ucciso senza alcun motivo. Tomislav non vide mai queste celle durante la guerra, ma ne ebbe occasione in una visita successiva.

Sulla piazza principale, grande come un campo di calcio, avvennero talvolta impiccagioni in pubblico. Tomislav ricorda l'esecuzione pubblica di due polacchi, che avevano tentato di fuggire e vennero impiccati come monito per gli altri prigionieri.

Quando si trattava di uccidere e ridurre in cenere gruppi più grandi di persone, la procedura era la seguente: i prigionieri venivano allineati ad uno ad uno lungo la recinzione del forno crematorio. Appena uno di loro entrava, le guardie lo spingevano attraverso una stretta apertura del pavimento nel seminterrato dell'impianto. Lì le guardie lo colpivano con una mazza di legno per fagli perdere i sensi, poi lo mettevano in un ascensore che lo portava al piano superiore, dove si trovavano i forni in cui venivano messe le vittime. Questi forni erano sempre attivi. Molti boia delle SS torturavano brutalmente i prigionieri, prima di ucciderli. Li appendevano a ganci da macellaio e li gettavano in pozzi umidi profondi dieci metri. I prigionieri rimanevano lì senza cibo né acqua fino a quando morivano. Nell'impianto poi c'era una sala per le dissezioni, dove determinate parti della pelle e dei corpi umani venivano prelevate per essere conservate. Elsa Koch, la moglie del comandante del campo, traeva da queste atrocità un particolare piacere. Aveva paralumi, guanti, sovracoperte di libri, tende e altri oggetti fatte con la pelle tatuata dei prigionieri uccisi. Dopo la liberazione, questi oggetti vennero ritrovati e conservati nei musei di Berlino e Buchenwald.

Tomislav ha sentito raccontare di un tedesco che fuggì quando il campo era ancora piccolo e venne ripreso e riportato per essere impiccato. Il soldato delle SS non voleva eseguire personalmente l'impiccagione, quindi chiamò un prigioniero perché la facesse lui al suo posto. Il prigioniero si rifiutò e quindi finì pure lui nella lista di quelli che dovevano essere impiccati. Subito dopo, il soldato chiamò un terzo prigioniero per impiccare i primi due, ma anche quest'ultimo si rifiutò. Alla fine, il soldato si stufò e impiccò lui personalmente tutti e tre. Se i tre prigionieri avessero eseguito gli ordini del soldato delle SS, nessuno li avrebbe criticati, perché nel rifiutarsi di farlo sapevano bene che sarebbero finiti sulla forca pure loro. In ogni caso, rifiutando di venire umiliati i due prigionieri persero la propria vita. Si trattava di prigionieri politici, reclusi nel campo sin dal principio.

Immagine 14
Buchenwald. Una colonna di prigionieri che marcia al rientro dal campo Gustloff-Werke II; sullo sfondo, si vede il posto di guardia principale del campo di concentramento; la ciminiera sul bordo sinistro dell'immagine appartiene allo Unterfuhrer-Badu SS

Tomislav ha un ricordo particolare dell'orchestra che suonava all'ingresso principale del campo quando i prigionieri andavano a lavorare nelle fabbriche al mattino e tornavano alle loro baracche di sera. L'orchestra era vestita in modo impeccabile con le uniformi rosse e blu della guardia reale jugoslava. Suonava marce solenni. Ricorda queste circostanze come forme del sadismo inflitto dai tedeschi con la musica, il cartello "Arbeit macht frei" (il lavoro rende liberi) e sotto "Jeden am seine" (a ciascuno il suo). Mentre quei cartelli erano esposti, centinaia di persone morirono ogni giorno. Convincevano i prigionieri che lavorare come schiavi rende liberi. Tutto venne organizzato per umiliare le persone. Nei ranghi delle SS ci furono molti torturatori.

Per due mesi alla fine del 1944, Tomislav lavorò in una ex miniera di sale dove si stavano realizzando le opere in calcestruzzo di una fabbrica sotterranea. Con gli altri prigionieri, Tomislav ebbe il compito di preparare l'illuminazione interna di quella vecchia miniera vicina al villaggio di Tuffendorf. Gli alleati bombardavano la Germania, così i tedeschi spostarono la produzione sottoterra.

Buchenwald, den 23. Februar 1945

Transport Salzungen

Nr.	Häftl.-Nr.		Name
1	7902	8	Melnik, W.
2	19469		Kuplej, M.
3	64273		Antonjuk, D.
4	63012		Ziwerak, B.
5	63675	9	Krasowskij, F.
6	9317	15	Grekow, P.
7	100026		Mochnacki, B.
8	24699	16	Kirsanow, D.
9	32692	19	Zoskie, S.
10	32706		Jeftic, I.
11	35059		Guttenberger,
12	39187		Arfomak, U.
13	59274		Fljanski, P.
14	61570		Nitschenko, P.
15	71736		Antipowski, S.
16	71739		Zaworotinskij, I.
17	93022		Tschernych, I.
18	97381		Macleniko, W.
19	117934		Krawtschenko, I.
20	65110	25	Pisarew, B.
21	3570	30	Prichodko, B.
22	58234		Jelin, P.
23	117199	32	Jusnik, S.
24	13554	37	Kasmarek, S.
25	34339		Worobjow, G.
26	62931		Tomowiak, W.
27	85617	38	Jankowit, K.
28	8495	39	Tscherednitschenko, W.
29	3366	43	Zabel
30	64361		Melni, A.
31	71752		Kropiwko
32	71881		Pustuvoj, L.
33	72107		Libin, A.
34	73880		Halmanenko
35	75221		Konstantino, J.
36	75482		Kolomos, T.
37	75734		Iwanow, M.
38	78128		Andrejew, M.
39	82232		Tschkalrenko, J.
40	82325		Njabik, L.
41	83311		Aleksejew, W.
42	84132		Rudik, P.
43	84222		Gurschenko, D.
44	85110		Makowschinko, L.
45	92893		Sawicki, W.
46	97119		Mraslawski, P.
47	97337		Peregwa, A.
48	97380		Pirilegin, U.
49	97430		Minkow, N.
50	97648		Moroz
51	97664	43	Nikolenko, J.
52	97684		Iltschuk, D.
53	97839		Glasow, J.
54	97896		Kowalenko, N.
55	103064		Sidrow, .
56	103277		Mrudorow, L.
57	103278		Gnilewski, M.
58	103426		Swiridow, P.
5	103450		Tolmatschow
60	104008		Drankin, A.
61	105145		Olejnik, J.
62	105157		Zelenko, G.
63	105890		Petrow, W.
64	106071		Mikolawski, W.
~~65~~	~~120505~~		~~Szymanski, L.~~
66	3304	44	Zimma, M.
67	19409		Tschemorot, U.
68	53582		Jonquet, J.
69	101046		Timofejew, P.
70	1529	48	Nikolaschin, J.
71 XII	26891		Borodajenkow, X.
72	26961		Alexanrow, A.
73	30851		Mikulios, P.
74	33743		Krywnak, B.
75	50834		Krawozo, W.
76	51841		Guslavoine, M.
77	59345		Bondarenko, W.
78	64187		Jrozenko, F.
79	98831		Kosjanenko, N.
80	100683		Mikanowitsch, L.
81	21201	47	Beinhoff, F.
82	56433		Kostrikin, W.
83	56511		Karaja, J.
84	56528		Lebedw, S.
85	56717		Lwow, N.
86	56945		Djatschenko, L.
87	57328		Krylow, S.
88	57897		Iwanow, J.
89	58367		Tschuprikow, N.
90	58596		Isakin, W.
91	58435		Bilyk, N.
92	58503		Plotnik, P.
93	58533		Popow, P.
94	58569		Petranowsky, N.
95	58590		Zelenjsky, B.
96	59069		Lemysyn, J.
97	59181		Julo, D.
98	59240		Simanowsky, P.
99	59308		Krutjko, W.
100	59824		Mhxrij, G.

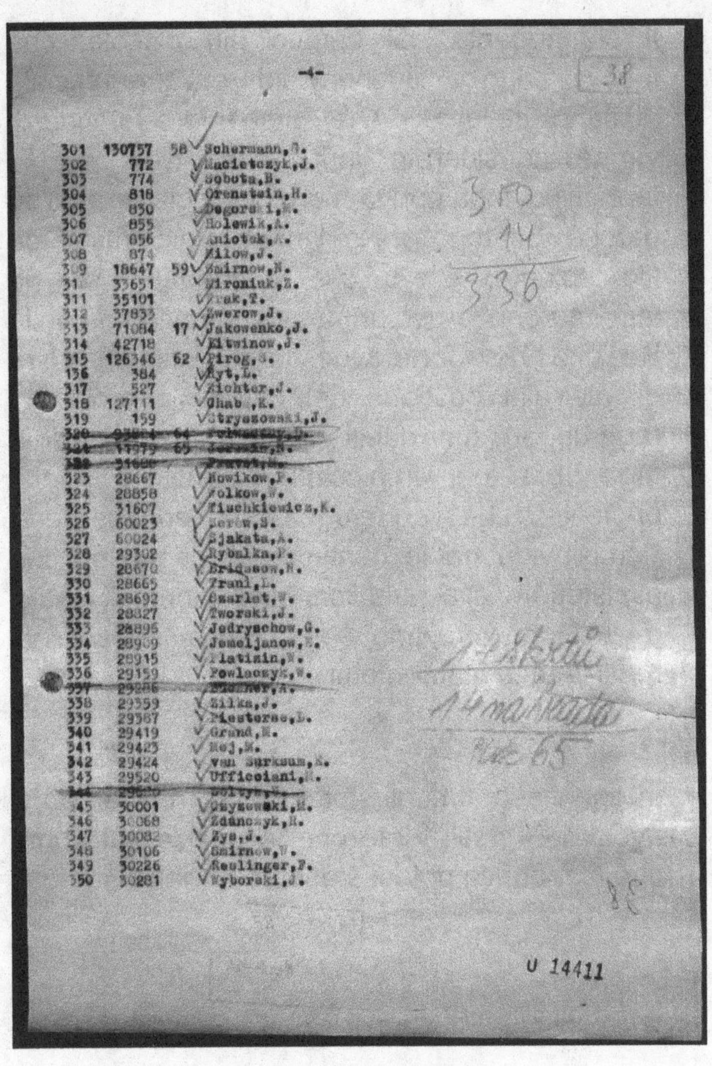

-4-

No.			Name
301	130757	58	Schermann, R.
302	772		Macietczyk, J.
303	774		Sobota, B.
304	818		Orenstein, H.
305	830		Degorski, W.
306	855		Holewik, A.
307	856		Aniotek, W.
308	874		Milow, J.
309	18647	59	Smirnow, N.
31.	33651		Wironiuk, Z.
311	35101		Wrak, F.
312	37833		Zweron, J.
313	71084	17	Jakowenko, J.
314	42718		Litwinow, J.
315	126346	62	Pirog, S.
136	384		Wyt, L.
317	527		Richter, J.
318	127111		Chab, K.
319	159		Stryszowski, J.
~~320~~			
~~321~~			
~~322~~			
323	28667		Nowikow, P.
324	28858		Wolkow, W.
325	31607		Tischkiewicz, K.
326	60023		Serow, S.
327	60024		Sjakata, A.
328	29302		Rybalka, P.
329	28670		Eridason, N.
330	28665		Frani, L.
331	28692		Czarlet, W.
332	28827		Tworski, J.
333	28896		Jedryschow, G.
334	28909		Jemeljanow, N.
335	28915		Platinin, W.
336	29159		Powloczyk, W.
~~337~~			
338	29359		Silka, J.
339	29367		Piesterne, L.
340	29419		Grund, M.
341	29423		Rej, M.
342	29424		van Surkaum, K.
343	29520		Ufficolani, M.
~~344~~			
345	30001		Oxysowski, M.
346	30068		Zdanczyk, N.
347	30082		Zys, J.
348	30106		Smirnow, W.
349	30226		Keulinger, P.
350	30281		Wyborski, J.

U 14411

Immagine 15a e 15b
Lista del trasporto a Sakzungen (1945)

Il comandante del campo più piccolo, che faceva capo a Buchenwald, era un ufficiale anziano delle SS che, per i loro standard, venne considerato indulgente. Non punì i tentativi di fuga con la morte e fuggire era facile perché il campo era delimitato unicamente da filo spinato. Dopo che i superiori se ne lamentarono, arrivò un nuovo comandante delle SS, giovane e forte. Questi dette subito un giro di vite alla gestione del campo e ordinò di raggruppare tutti quelli che avevano tentato la fuga, per poi impiccarli dinanzi agli altri prigionieri che vennero costretti ad assistere. Tomislav fu tra le centinaia di prigionieri che assistettero alla pubblica esecuzione di undici reclusi che avevano cercato di scappare nei mesi immediatamente precedenti.

In ogni caso, tutti gli sforzi profusi nel campo si rivelarono inutili, dato che la guerra finì prima che la fabbrica potesse essere avviata.

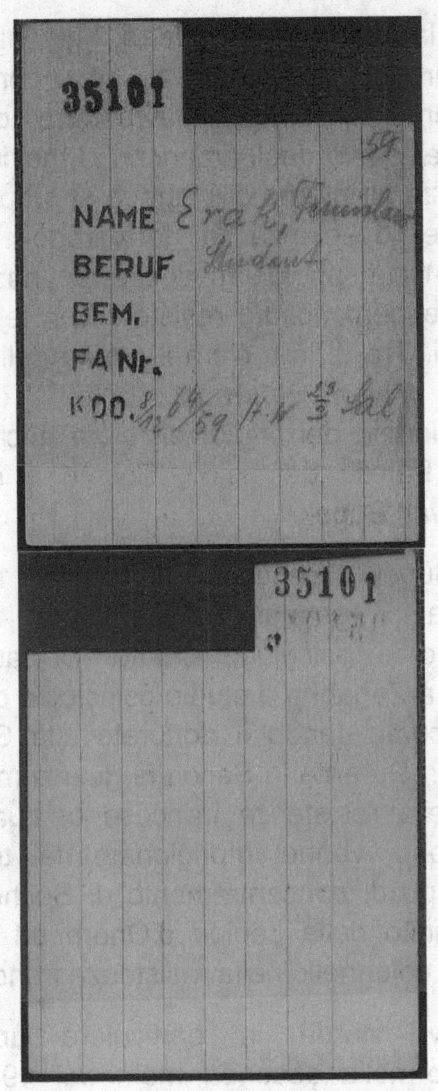

Immagine 16
Carta di identificazione di Tomislav Erak con i compiti di lavoro

Verso la fine della guerra, gli alleati si avvicinarono a Buchenwald e i prigionieri credettero che i tedeschi li avrebbero uccisi tutti prima dell'arrivo degli americani. I movimenti di resistenza all'interno del campo si prepararono per tale evenienza e formarono un'unità (plotone) con prigionieri di diverse nazionalità che avrebbero dovuto resistere con le armi ai tedeschi. Tra di loro c'era il croato dell'isola di Murter, Ivan Juraga. Nel comitato internazionale dei prigionieri c'era anche Rudi Supek, fratello del fisico, filosofo e scrittore croato Ivan Supek.

Rudi Supek (Zagabria, 8 aprile 1913 – Zagabria, 2 gennaio 1993) fu un filosofo, sociologo e psicologo croato. Si laureò in filosofia a Zagabria e studiò psicologia clinica a Parigi, completando il dottorato alla Sorbona nel 1952. Durante la Seconda guerra mondiale entrò nella resistenza francese e, quando lo catturarono, venne imprigionato dai tedeschi nel campo di concentramento di Buchenwald. Fu insignito della Legion d'Onore ed ebbe il grado di colonnello nella resistenza francese.

Tomislav ricorda in particolare un fatto accaduto nella seconda metà del 1944. Un giorno, arrivò un grande numero di giovani forti e in salute. Più tardi, si veniva a sapere che si trattava di agenti di polizia danesi, di Copenhagen. La Danimarca fu una sorta di protettorato della Germania e gli agenti di polizia vennero arrestati perché non svolgevano i propri compiti come volevano i tedeschi. I tedeschi li trattarono molto male, picchiandoli tutti i giorni. Nelle tre settimane successive, quasi trenta di loro morirono nella baracca di Tomislav.

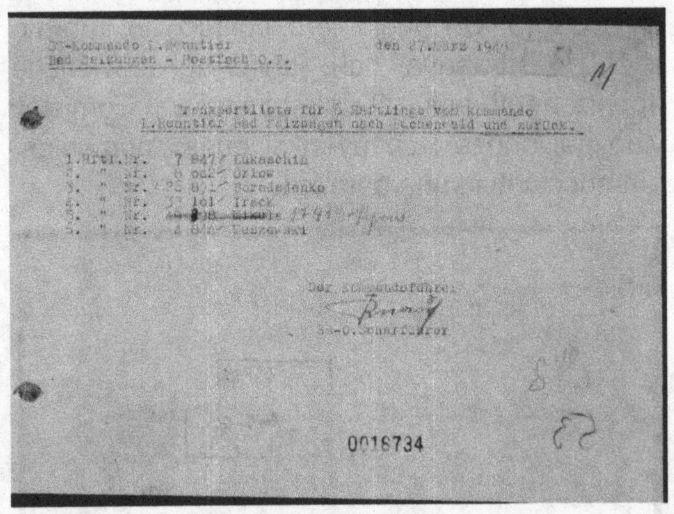

Immagine 17
Trasporto a Buchenwald (27 marzo 1945). Indicato con il nome di Irack

Tomislav ricorda anche un altro fatto significativo. I tedeschi ricercarono gli ufficiali e i commissari politici sovietici negli altri campi per portarli a Buchenwald. Una volta lì si diceva che fossero sottoposti a una procedura chiamata "bagno e vestito". Attraverso le informazioni riferitegli dagli altri reclusi, Tomislav era al corrente di come vennero giustiziati a Buchenwald dai tedeschi. Li misero contro un muro per misurarne l'altezza e poi, attraverso un buco nel muro, gli spararono nella testa con una pistola munita di silenziatore. Tomislav vide di persona moltissime uniformi ordinatamente ammucchiate vicino alla baracca dove avvennero queste esecuzioni e chiese di chi fossero. Un prigioniero polacco lo informò che si trattava di uniformi sovietiche appartenenti agli ufficiali giustiziati. Tomislav vide poi anche i cadaveri di questi prigionieri, ammucchiati in una baracca.

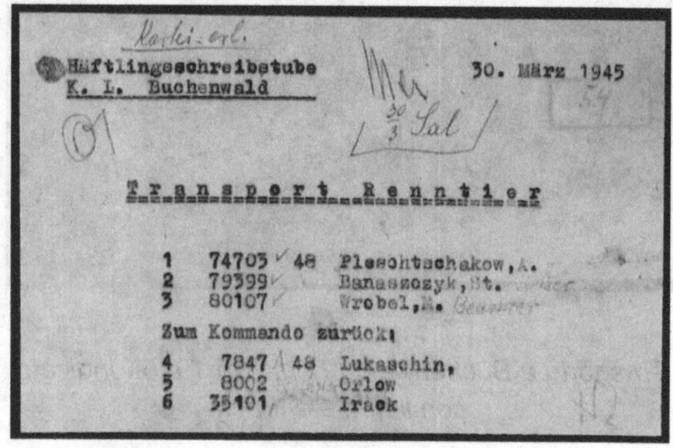

Immagine 18
Trasporto per il rientro al campo (30 marzo 1945)

La morte fu così incombente in ogni momento che molti prigionieri soffrirono di disturbi psicologici e si ebbero diversi casi di suicidio tra i prigionieri. Data la costante presenza della morte, non gli importava più di essere eliminati dalle guardie o di togliersi la vita da loro stessi.

Tomislav si ricorda in particolare di un fatto accaduto durante un bombardamento diurno degli americani. Le bombe cadevano, uccidendo sia le guardie che i reclusi. Invece di cercare rifugio nelle trincee per proteggersi dalle bombe, Tomislav salì sopra un tavolo e salutò con gioia gli americani perché stavano bombardando e distruggendo la fabbrica tedesca. Non si curò di ripararsi perché come gli altri prigionieri pensava di non sopravvivere alla guerra. I bombardieri volavano molto bassi e gli sembrò quasi di potersi allungare e toccare gli aerei. Gli americani lanciarono per lo più bombe incendiarie per distruggere le fabbriche.

Sfortunatamente, molti prigionieri morirono nel bombardamento, ma morirono anche molte guardie. "Li perdoniamo per averci ucciso perché hanno ucciso anche un paio di centinaia di SS" furono le sue parole dopo il bombardamento. Questo atteggiamento mentale è la miglior descrizione del livello di rassegnazione tra i prigionieri.

VI.

LIBERO

Quando gli alleati furono a circa 50 chilometri dal campo, i tedeschi decisero di evacuare i prigionieri a sud verso la Baviera, esattamente a Dachau. Molte migliaia di prigionieri vennero così evacuate. Con il collasso dell'amministrazione tedesca, non ci fu praticamente più cibo e migliaia di prigionieri stavano morendo di fame. Così stando le cose, quando gli alleati raggiunsero il campo, gli americani usarono i bulldozer per spingere le centinaia di morti nelle fosse comuni, dato che il clima era caldo e i cadaveri all'aperto iniziavano a decomporsi. Quando arrivarono i loro membri del congresso, gli americani portarono civili da Weimar affinché potessero diventare testimoni degli orrori nel campo. Molte donne tedesche svennero vedendo le atrocità commesse. Tomislav assistette a tutto questo. Secondo i suoi conti, negli ultimi giorni prima della liberazione morirono seimila prigionieri.

Immagine 19
Soldati americani e prigionieri sopravvissuti davanti
ai corpi di reclusi assassinati nel sottocampo di
Ohrdruf – Campo Nord (1945)

Prima dell'arrivo degli americani, i tedeschi vollero trasferire al sud quanti più prigionieri possibile. I prigionieri peraltro cercarono di nascondersi dovunque potevano e siccome il campo era grande come una città, non fu facile trovarli tutti. Nell'imminenza della fine fuggirono sia i prigionieri che le guardie delle SS, per cercare di salvarsi. A giudizio di Tomislav, negli ultimi giorni rimasero a sorvegliare il campo solo una cinquantina delle circa quattrocento guardie. Alcune di loro vennero in seguito catturate dai reclusi. Il gruppo di prigionieri armati, incluso il croato Ivan Juraga, attaccò l'ingresso principale. Riusciti nell'intento di prenderne il controllo, i prigionieri misero le loro bandiere su tale ingresso per farsi riconoscere. Quando gli americani raggiunsero il campo, alle 3.15 pomeridiane del giorno 11 aprile 1945, rimasero sorpresi di non trovare le SS di guardia, ma gli stessi prigionieri che avevano assunto il controllo.

Sfortunatamente, in seguito, i prigionieri presero il controllo anche di un allevamento di maiali nelle vicinanze del campo. Tanti di loro stavano morendo di fame e quindi scannarono molti maiali col risultato che alcuni morirono per l'eccesso di cibo, dato che il loro organismo non riuscì a tollerarne l'improvvisa grande quantità.

Quanto alle guardie delle SS catturate, gli americani richiesero che i soldati presi prigionieri fossero consegnati loro, ma quasi tutti furono invece giustiziati. Molto pochi si arresero agli americani. Dopo la liberazione del campo gli americani portarono delle squadre di medici per visitare i prigionieri. Quasi tutti erano malati o morenti. Vennero ricoverati negli ospedali, dove furono portate provviste e medicine per cercare di salvarne il più possibile. Ben pochi di loro erano in salute e Tomislav fu uno dei rari casi senza seri problemi di salute. Secondo le sue stesse parole: "Sono stato fortunato che non mi è capitato nulla".

RITORNO A SEBENICO

Dopo che fu liberato insieme a un altro prigioniero bosniaco, Tomislav andò a Dresda dove c'erano i russi, per raggiungere quindi l'ambasciata croata a Praga. Arrivato all'ambasciata di Praga, un uomo di Spalato che lì lavorava propose che Tomislav si fermasse e lavorasse presso l'ambasciata che era a corto di personale. Tomislav però declinò l'invito volendo andare a casa e rivedere la sua famiglia, della quale non aveva avuto notizie da tre anni e mezzo. Da Praga così andò in treno a Budapest. Non c'erano abbastanza treni, così dovette aspettare due giorni per un treno diretto a Subotica, in Serbia. A Subotica c'era un campo di accoglienza per i prigionieri jugoslavi. Lì ricevettero vitto e documenti. Da lì proseguì per Fiume in quanto gli avevano detto che non si poteva raggiungere Sebenico via terra, per via dei danni subiti dalle ferrovie e dalle strade. Arrivato a Fiume, lì trovò ormeggiato un "trabiccolo". La nave era carica di materiale elettrico portato via dall'esercito jugoslavo mentre si ritirava da Trieste. La sua destinazione era Zara. Informatosi del capitano, venne a sapere che era un uomo di Zara. Tomislav allora andò da lui e si presentò. Il capitano gli chiese se fosse parente di Ivica Erak che era suo fratello maggiore, noto al capitano tramite i partigiani. Così Tomislav venne preso a bordo della nave diretta a Zara, che lo portò a tale destinazione. Da Zara, raggiunse poi Sebenico. Dopo che si riprese, il peso di Tomislav era di circa cento chili, mentre quando venne pesato dagli americani a Buchenwald arrivava solo a cinquantasei chili. Tomislav ritornò a Sebenico nel giugno 1945. Siccome da tre anni nessuno aveva più avuto alcuna notizia di lui, non sapeva come dire ai suoi genitori che era vivo. Stette di fronte al cancello del cortile esitando ad entrare. Un giovane vicino lo vide così, in piedi, e iniziò a strillare: "E' tornato Pipe! Pipe è vivo!". La cosa richiamò i suoi genitori che uscirono e lo abbracciarono piangendo di gioia. Qualche tempo prima anche il suo fratello più giovane Ante era tornato dai campi di prigionia e anche suo fratello più anziano Ivica era tornato dalla guerra, purtroppo senza una gamba. Con una fortuna straordinaria, Tomislav e tre giovani fratelli erano sopravvissuti alla Seconda guerra mondiale.

Arrivò a casa prima della maggior parte dei prigionieri jugoslavi sopravvissuti a Buchenwald.

Il ritorno degli altri prigionieri jugoslavi venne organizzato dalle autorità jugoslave attraverso quelle ceche. Arrivarono con diversi autobus, prima i cechi e gli slovacchi, poi gli jugoslavi, che fecero tappa a Praga. La maggior parte di questi prigionieri erano dalmati, con qualche sloveno e qualche montenegrino.

Con il suo ritorno a Sebenico, la vicenda bellica e di prigionia di Tomislav durante la Seconda guerra mondiale giunse alla fine. Il futuro gli avrebbe riservato nuove sfide, incluso l'imprigionamento da parte delle autorità comuniste, che non sono materia di questo libro. In seguito, avrebbe completato il ciclo di studi sia scolastico superiore che universitario e si sarebbe occupato di istruzione per tutta la sua vita. È padre di tre figli e, ad oggi, ha tre nipoti e tre pronipoti. La sua storia di sopravvivenza, a me che sono suo nipote fa pensare all'aleatorietà della vita e all'incredibile fortuna che ha avuto nel sopravvivere a tutte le durissime prove incontrate sul suo cammino. Sempre come nipote, mi sento sollecitato a riflettere sulla capacità umana di infliggere umiliazione e dolore ad altre persone, del tutto sconosciute, unicamente a motivo di un'ideologia. Se da un canto questa è la storia di un singolo individuo, dall'altro il suo destino è comune a quello di milioni di altre persone e, anche se certi fatti possono sembrare difficili da credere, è anche vero che solo la realtà può essere così crudele.

Mi auguro che questo mio libro serva come monito affinché cose simili non debbano mai più accadere di nuovo e aiuti a preservare il ricordo degli orrori subiti dalle persone durante la Seconda guerra mondiale e, da ultimo, di come sopravvissero a cose impossibili, vivendo fino a tarda età e tramandando questa terribile storia insieme a molte altre testimonianze dirette a tutti noi. Possano mai più succedere di nuovo!

Dati ufficiali sul periodo di prigionia di Tomislav Erak avuti dalla Fondazione della Memoria di Buchenwald e Mittelbau-Dora

Informazioni avute da Rene Emmendoerffer

Tomislav Erak fu arrestato il 1° marzo 1942 e portato nel campo di concentramento di Dachau. Venne preso in carico dalla Gestapo di Salisburgo il giorno 11 ottobre 1943. A Dachau, fu registrato come prigioniero numero 56274. Da lì, venne trasferito a Buchenwald il 30 ottobre 1943. A Buchenwald fu schedato come "jugoslavo/croato" e registrato come prigioniero 35101. In seguito, venne acquartierato nel Blocco 59, blocco situato nel "campo piccolo".

Gli furono dati compiti diversi e il giorno 8 dicembre 1944 venne assegnato al Kommando 64. Da quel momento in poi, fu responsabile della manutenzione delle baracche del Blocco 59. Il 23 febbraio 1945 venne trasferito nel campo secondario di Bad Salzungen. In seguito risulta che fu spostato al campo Ludwig Renntier. Alla fine di marzo venne portato a Buchenwald, prima di tornare al campo secondario, due giorni dopo. Verso la fine della guerra, durante l'evacuazione di diversi campi, iniziarono marce della morte verso Buchenwald, dove i prigionieri sopravvissuti furono liberati il giorno 11 aprile 1945. Dopo questo momento le sue vicende non poterono essere ricostruite attraverso i documenti.

Numero e destino dei prigionieri croati di Buchenwald

Stando ai registri compilati dagli ufficiali SS delle guardie del campo, venne fatta una distinzione tra croati e jugoslavi. I primi prigionieri dei territori jugoslavi arrivarono nel campo durante l'estate del 1941. Il loro numero era molto piccolo – 15 jugoslavi e 3 croati – a tutto il mese di agosto 1942. Un carico da Flossenburg aumentò il loro numero fino a 759 per la fine del 1943. A metà del mese di luglio 1944 c'erano a Buchenwald 327 croati e 575 jugoslavi. Secondo gli appunti di Rudi Supek, circa 3.900 prigionieri provenienti dal territorio jugoslavo transitarono da Buchenwald, la maggioranza dei quali proveniente da Slovenia e Croazia. C'erano prigionieri di tutti i gruppi etnici salvo i macedoni. Alla liberazione, c'erano a Buchenwald 607 prigionieri dei territori della Jugoslavia, inclusi 19 di Sebenico e dintorni.

Immagine 20
La prima fotografia di Tomislav Erak dopo aver
lasciato il campo, scattata il 1° maggio 1945 a Bad
Salzungen

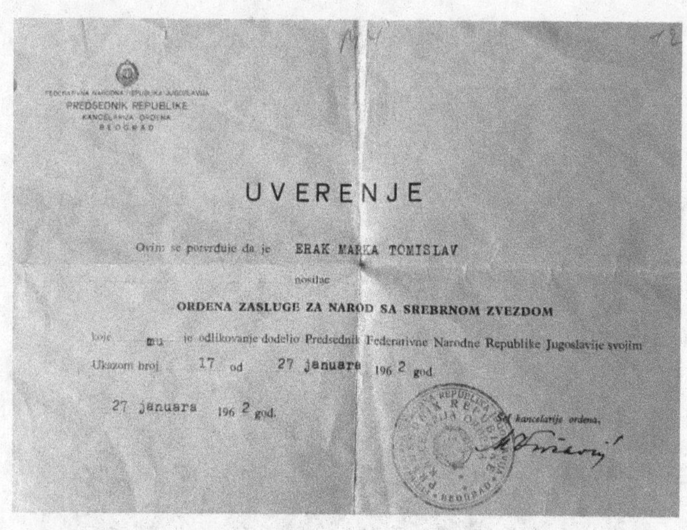

Immagine 21a e 21b
Ordine al Merito del Popolo con Stella d'Argento,
conferito a Tomislav Erak il 27 gennaio 1962 per
decisione del Presidente della Repubblica Federale
Popolare della Jugoslavia

Immagine 22
Tomislav Erak fotografato a Zagabria dopo aver
finito la scuola superiore (Maggio 1948)

Immagine 23
Tomislav Erak e Nick Altman a Šibenik durante la stesura del libro (25 giugno 2023)

Nota dell'autore

Nick Altman è un autore croato (il cui vero nome è Nikola Aleksić), nato a Spalato nel 1978. Ha completato la scuola superiore e la facoltà di giurisprudenza a Spalato. Oltre al lavoro presso l'amministrazione della Città di Spalato nel settore della cooperazione internazionale, ha lavorato per oltre venti anni come guida turistica professionale nelle regioni di Spalato-Dalmazia e Sebenico-Knin, così come accompagnatore turistico in Croazia ed Europa. Da cultore della storia appassionato ed esperto, sin dall'istituzione nel 2013 del corso professionale per le guide insegna Processi Operativi e Tecnici nonché la parte specialistica dell'eredità storica e culturale della regione di Spalato-Dalmazia alla Scuola Aspira di Spalato.

Si occupa attivamente di musica in quanto membro del gruppo rock/metal Distorzjia Uma, con cui ha pubblicato canzoni e album. È appassionato di video-games sofisticati con temi militari e storici. Oltre a questo libro, l'autore ha pubblicato un Manuale di Processi Operativi e Tecnici per le guide turistiche, il romanzo di fantascienza "Legionari" e il romanzo fantasy "I figli del fondatore" ispirato alla poco conosciuta mitologia slava.

Glossario

SYUY – Unione dei giovani socialisti jugoslavi (SKOJ – Savez komunističke omladine Jugoslavije), organizzazione giovanile del Partito comunista jugoslavo. Fondata il 10 ottobre 1919 in occasione di un convegno a Zagabria. Composta da giovani partecipanti a varie associazioni comuniste del Regno dei Serbi, Croati e Sloveni (successivamente Jugoslavia), la SYUY venne dissolta nel 1948.

Poteri dell'Asse – L'Asse, chiamato formalmente l'Asse Roma-Berlino-Tokyo, fu una definizione informale dell'alleanza tra i paesi avversari degli Alleati (le potenze vincitrici) durante la Seconda guerra mondiale. I membri principali furono la Germania nazista, il Regno d'Italia e l'Impero del Giappone. Il termine "Asse" venne usato per primo dal Primo Ministro italiano Benito Mussolini con riferimento all'alleanza Roma-Berlino, venendo poi esteso per includere il Giappone.

SS – Schutzstaffel (tedesco per "Corpo di Protezione"), comunemente abbreviato in "SS" fu una delle principali organizzazioni paramilitari della Germania nazista. Dapprincipio, operò come corpo di guardia personale di Adolf Hitler. Nel tempo, divenne una organizzazione di massa con milioni di membri. La sua branca militare, le "Waffen–

SS", divenne la componente di elite delle Forze Armate Tedesche. Imbevute dell'ideologia nazista e comandate da Heinrich Himmler, le SS furono responsabili di numerosi crimini contro l'umanità durante il periodo nazista e la Seconda guerra mondiale.

CPC – Partito Comunista della Croazia (KPH – Komunistička partija Hrvatske) fu parte della Lega Comunista della Jugoslavia chiamata fino al 1952 Partito comunista della Jugoslavia, che fu fondatore e responsabile dello SFR Jugoslavia. Si costituì nel 1919 quale principale partito comunista di opposizione del Regno dei Serbi, Croati e Sloveni e, dopo gli iniziali successi elettorali, venne dichiarato illegale dal governo reale e in varie occasioni perseguitato in modo duro e violento. Rimase un gruppo clandestino fino alla Seconda guerra mondiale quando, dopo l'invasione militare della Jugoslavia nel 1941, il braccio militare del partito, i Partigiani Jugoslavi, partecipò a una sanguinosa guerra civile e sconfisse i poteri dell'Asse e i loro sodali locali. Dopo la liberazione dall'occupazione straniera nel 1945, il partito consolidò il proprio potere e costituì uno stato con partito unico, che esistette con tale forma di governo fino al 1990, due anni prima che la Jugoslavia si dissolvesse.

Gli Ustaše – (pronuncia Ustascia) anche noti nella forma anglicizzata Ustasha o Ustashe, furono un'organizzazione croata fascista e ultranazionalista, attiva come singola organizzazione, tra il 1929 e il 1945, nota con il nome formale di Ustaša - Movimento rivoluzionario croato (in croato: Ustaša – Hrvatski revolucionarni pokret). I suoi membri parteciparono all'assassinio di Re Alessandro I di Jugoslavia nel 1934 e a perpetrare l'Olocausto nello Stato Indipendente della Croazia, uccidendo centinaia di migliaia di serbi, ebrei, rom così come di dissidenti politici croati in Jugoslavia durante la Seconda guerra mondiale.

L'ideologia del movimento era una miscela di fascismo, cattolicesimo romano e ultranazionalismo croato. Gli Ustascia sostennero la creazione di una "Grande Croazia" con territorio dal fiume Drina fino alla frontiera di Belgrado. Il movimento evocava una Croazia pura dal punto di vista razziale e promuoveva il genocidio dei serbi – a causa del sentimento anti-serbo degli Ustascia - degli ebrei e dei rom attraverso la teoria razziale nazista, e la persecuzione degli antifascisti e dei dissidenti croati e bosniaci.

Bibliografia

- Antifašistički Split – Ratna kronika 1941–1945, Marin Kuzmić curatore, autori vari.

- Wikipedia Commons.

- Il campo di concentramento di Buchenwald 1937–1945, guida alla mostra storica permanente, Harry Stein.

- Politički internirci iz Sjeverne Dalmacije u njemačkom logoru Buchenwald, Tomislav Erak, Spalato 1978.

- Kronika zločina talijanskog fašistickog okupatora o Šibeniku i njegovu kraju 1941-1943, Tomislav Erak, Spalato 1978.

- Koncentracioni logor na otoku Zlarinu, Tomislav Erak, Spalato 1970.

Fonti delle immagini fotografiche dei campi di Buchenwald e Dora

Sammlung Gedenkstatte (Collezione Commemorativa) Buchenwald.

Autorizzazione all'utilizzo del materiale fotografico dell'archivio di Buchenwald

Caro Nikola Aleksić,

Ti concediamo volentieri di utilizzare le foto disponibili nel nostro archivio fotografico online, per la pubblicazione relativa al Tuo nonno.

https:fotoarchiv.buchenwald.de/home

Ciò sul presupposto della nostra titolarità dei diritti di proprietà intellettuale, ovvero in quanto le fotografie sono di dominio pubblico.

Troverai le informazioni relative alla proprietà intellettuale a fianco di ciascuna fotografia.

Inviami pure i codici delle fotografie che hai scelto e che pure sono apposti a ciascuna fotografia, dal canto mio Ti invierò le immagini in alta risoluzione.

Con i migliori saluti.

Holm Kirsten

SOMMARIO